Escrito por Catherine de Sairigné
Ilustrado por Agnès Mathieu

Cómo viven los animales

durante el

invierno

Se acerca el invierno.

¿Sientes cómo el frío se vuelve más intenso?
Ya se están marchitando las últimas flores del
otoño y se caen las hojas. Muy pronto va a nevar.

**¿Qué va a
pasar con los
animales en el
campo?**

El zorro

Cada uno se protege del
frío a su manera. ¿Te has fijado en tu gato?
Un pelaje más largo y más tupido viene a
sustituir sus pelos cortos
del verano. Al igual que
él, todos los mamíferos
tienen su abrigo de
invierno. Las aves
esponjan sus plumas para
conservar el aire caliente.

El jilguero esponjando
su plumaje.

Las urracas se acurrucan para calentarse.

3

<u>Algunas aves vuelan hacia los países cálidos; emigran.</u> Las que viajan de día se orientan con el sol. Las demás, que vuelan de noche, se guían con las estrellas. Llegan a hacer largos viajes de dos o tres  meses, deteniéndose de vez en cuando. Algunas atraviesan el mar. Las que viven en los países del norte de Europa se dirigen hacia el sur para pasar el invierno en Francia, Italia o España. Algunas mariposas también emigran, como la bella dama o cardero, en Europa, y en América la monarca.

En la montaña, la gamuza, el muflón y la cabra montés bajan de las alturas hacia los valles resguardados.

El cuco (1), la cigüeña blanca (2), el estornino (3) y la golondrina común (4) emprenden el vuelo solos o en parvadas desde Europa hacia África. El mirlo negro (5) viaja poco.

4

¿Y qué pasa con los que se quedan?

Comen vorazmente y engordan. Su cuerpo se cubre de una capa de grasa que los protegerá del frío. Comen bellotas y bayas de saúcos, agavanzos o enebros.

Luego juntan provisiones para no morir de hambre durante el invierno. El ratón de campo (1) entierra semillas. El topo acumula lombrices de tierra en la alacena de sus túneles. Las muerde cerca de la cabeza para que no escapen, pero las mantiene vivas... La ardilla (2) entierra avellanas al pie de los árboles, pero no siempre vuelve a encontrar sus escondites.

Para mordisquear las piñas de pino, la ardilla les arranca las escamas. Sólo deja el corazón de la piña.

Quien duerme cena.

Algunos mamíferos, como la marmota, el erizo (1), el lirón gris (2), el lirón (3), el muscardino o lirón almizclero, el hámster (4) y el murciélago, pasan un invierno muy tranquilo.

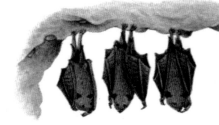

Se duermen profundamente al final del otoño y se despiertan en la primavera. Hibernan.

Pero antes, se atiborran de semillas y de bayas. El erizo prefiere devorar larvas y lombrices. Por su parte, el murciélago sólo come insectos. Saciados y regordetes, tienen grasa para todo el invierno. Esta grasa los hace suficientemente resistentes como para vivir varios meses sin comer.

La marmota come tanto que pronto arrastrará la barriga.

8

Los hibernantes consiguen escondites cómodos.

Tapizan su refugio con musgo, hierbas o follaje. El lirón escoge el hueco de un árbol o la lana de vidrio debajo de un techo. El murciélago se cuelga cabeza abajo de la viga de un granero o vuelve a la gruta donde se había refugiado el año anterior. La marmota agranda su madriguera y prepara una cama de heno.

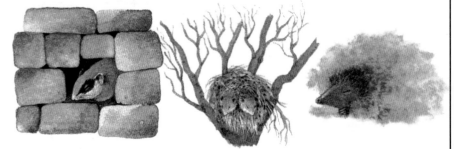

El lironcillo, en el hueco de un muro.

El muscardino, en las ramas de un arbusto.

El erizo, bajo el musgo.

La señal para dormir.

El clima comienza a enfriarse, los días se hacen más cortos. Cada día que pasa, los animalitos duermen un poco más. Su cuerpo se enfría y alcanza la misma temperatura que tiene su refugio. Entonces, su sueño se vuelve muy profundo: hibernan.

Dormir como una marmota.

En verano, la marmota tiene una temperatura de 30 grados. Cuando hiberna, ésta baja aproximadamente a 10 grados. En cambio tú, tanto en verano como en invierno, siempre tienes una temperatura de 37 grados.

La hibernación: una vida aletargada.

Hecha bolita, la marmota va adelgazando, apenas respira y su corazón late muy lentamente. Cuando hace demasiado frío, despierta y se mueve para calentarse; de no ser así, moriría congelada. Enseguida se vuelve a dormir agotada. Nunca hay que despertar a un animal cuando hiberna.

¡Una vez dormida, la marmota sólo respira doce veces por hora!

Esta es la madriguera de la familia marmota: la entrada está tapada con tierra y piedras para que no entre el frío.

12

¿Y el oso, cómo pasa el invierno?

Después de su festín de otoño, engulle grandes helechos para acabar de saciarse. Luego se duerme en su madriguera. El hambre no lo despertará. Pero él no hiberna, ya que la temperatura de su cuerpo no cambia.

Dos oseznos nacen en pleno invierno.

Son del tamaño de una rata grande. Su madre apenas se despierta para amamantarlos.

¿Y el tejón? Al igual que el oso, permanece en su madriguera calentita. Sólo sale para hacer sus necesidades frente a la entrada de su refugio, y así conservarlo limpio.

El tejón es muy prudente y sólo sale de noche. A veces, algún zorro llega a refugiarse durante el invierno en una madriguera de tejón abandonada.

15

16

En cuanto a los animales que permanecen afuera, les cuesta mucho trabajo conseguir alimento para sobrevivir.
Escasean las presas, pues están bien escondidas. La nieve cubre el suelo.
¡Para cazar, la marta (1) puede recorrer hasta veinticinco kilómetros!

A pesar de su pequeño tamaño, la comadreja puede atacar a animales más grandes como el conejo.

Animales color de nieve.

El armiño, el zorro ártico, la liebre variable
y la perdiz blanca no son blancos todo el año.
En verano, su pelaje es de color pardo. Eso
les permite esconderse entre las rocas o en
los ramajes. En invierno, estos animales se
vuelven completamente blancos.

Sólo la punta de la cola del armiño permanece negra.

Así, pasan desapercibidos en la nieve.
Pueden cazar sin ser vistos y esconderse de
los depredadores.

Plumaje de verano
de la perdiz blanca

Plumaje de invierno de
la perdiz blanca. Cuando
cae la noche, esta ave
excava un pequeño
refugio en la nieve.

¿Por qué casi no se ven insectos en invierno?

Muchos mueren cuando se acaba el verano. Pero antes, ponen huevos que resisten el frío en su envoltura sólida. Las larvas de escarabajos pasan varias estaciones

bajo tierra, devorando raíces. Otros insectos se esconden: entumidas, las hormigas ya no salen del hormiguero. Las catarinas se acurrucan debajo de una hoja seca. La mariposa limón permanece agarrada de una ramita. Si sus alas llegaran a congelarse, se volverían quebradizas como el vidrio. Las abejas también se quedan en su colmena cuyos panales están llenos de miel.

La dorífora se mete bajo la tierra.

En invierno desaparecen los abejorros machos. Sólo quedan las hembras, cargadas de huevos, esperando bajo tierra el regreso de la primavera.

¿Qué sucede con las ranas, las lagartijas, las serpientes, las babosas y los caracoles?

Se enfría su cuerpo y se entiesan sus músculos. Ya no pueden moverse y apenas si respiran.

La rana verde ha abandonado la orilla del estanque y se ha sumergido para dormir en

Nido de víboras

el cieno del fondo. Cuando se calienta el aire, se despierta y sale en busca de alimento. El caracol se ha encerrado en su concha. Ha sellado su entrada con un poco de baba endurecida. Tanto las víboras como las culebras se han entrelazado debajo de las rocas para conservar el calor.

Para no morir congelada, la tortuga se acurruca en un hoyo profundo, debajo de una gran piedra.

Los cisnes dan vueltas en círculo para impedir que el agua se congele.

¿Cómo pueden vivir los peces por debajo del hielo?

El agua se mantiene a una temperatura de 4 grados. Es suficiente para que sobrevivan pero su cuerpo se entumece con el frío.
El lucio apenas mueve la cola, la tenca friolenta se sumerge en el cieno. En la superficie congelada, patos, fochas y cercetas aprovechan algunos hoyos en el hielo para pescar.

Esta es la entrada de la cabaña de la rata almizclera. Nunca se congela, pues apiló plantas para protegerla.

El lirón gris sale
de su hoyo.

Llega la primavera.

Los rayos del sol calientan el aire y el calor llega hasta el fondo de las madrigueras.

Se despiertan durmientes e hibernantes. El oso ha adelgazado mucho. Muy hambriento, no tarda en salir en busca de alimento. La marmota se estira, su corazón late más rápido y su cuerpo se va calentando. Ha perdido la mitad de su peso. Limpia su madriguera antes de salir a darse un festín de hierbas.

Primera salida
de los oseznos

Vuelven las aves migratorias.
Suelen regresar al árbol o al techo en el
que habían hecho su nido el año anterior.
Las ranas pardas ponen sus huevos en el
estanque. Algunas de ellas se dirigen a las
praderas húmedas.

La mariposa limón
es la primera en
emprender el vuelo.

Luego, abejas, avispas y
abejorros se alimentan
de las primeras flores de
la primavera. Si vas al campo, observa a las
orugas o a los pulgones que se atiborran de la
savia de las plantas y escucha el canto de los
pájaros.

Narcisos silvestres, prímulas y margaritas son
las primeras flores en abrirse.

Es temporada de nacimientos. En marzo o en abril, la jabalina, hembra del jabalí, ¡da a luz a diez o doce jabatos muy peleoneros! Los cervatillos nacen después, en mayo o en junio. Permanecen junto a su madre que los amamanta. Los pájaros hacen un nido y empollan sus huevos. Pronto les darán de comer a sus crías.

¿Cómo ayudar a los pájaros en invierno?

Dales de comer.

Mezcla semillas y pepitas con un poco de mantequilla.

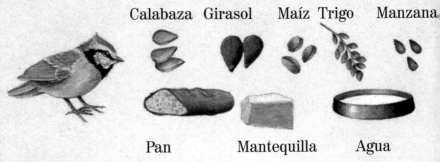

Calabaza Girasol   Maíz Trigo   Manzana

Pan   Mantequilla   Agua

Ensarta unos cacahuates en un alambre.
Dales de beber.
En un platito vierte agua y si hace muchísimo frío, ponle una gotita de alcohol para evitar que se congele. Coloca todo esto en la orilla de la ventana y, sobre todo, no dejes de hacerlo durante todo el invierno.

La huellas de los animales.

En el campo puedes identificar a los animales gracias a las huellas que dejaron en el lodo o en la nieve.

Si eres discreto, podrás observar por la ventana a los pajaritos que vienen a picotear la comida que les preparaste.

Búho Perdiz Faisán Mirlo

Tejón Ardilla Rata de campo Erizo

Comadreja Conejo Zorro Cordero

Viajera que hacia el polo...

Viajera que hacia el polo marcó su travesía,
la grulla migratoria revuela entre el celaje;
y en pos de la bandada, que la olvidó en el viaje,
aflige con sus remos la inmensidad sombría.

Sin rumbo, ya cansada, prolonga todavía
sus gritos melancólicos en el hostil paisaje;
y luego, por las ráfagas vencido su plumaje,
desciende a las llanuras donde se apaga el día.
Huérfana, sobre el cámbulo florido de la vega,
se arropa con el ala mientras la noche llega.

Y cuando huyendo al triste murmullo de las
hojas de nuevo cruza el éter azul del horizonte,
tiembla ante el sol, que, trágico, desde la sien
del monte, extiende, como un águila,
sus grandes alas rojas.

José Eustaquio Rivera

(Colombia, 1889-1928)